Global Geopark

GLOBAL GEOPARKS NETWORK

AAAAA

雁荡山联合国教科文组织世界地质公园

中小学生科普读物

袁茂珂　杨　林　卢琴飞　等 编著

中国地质大学出版社
CHINA UNIVERSITY OF GEOSCIENCES PRESS

图书在版编目(CIP)数据

雁荡山联合国教科文组织世界地质公园中小学生科普读物/袁茂珂等编著. —武汉:中国地质大学出版社,2021.7

ISBN 978-7-5625-4974-1

Ⅰ.①雁…
Ⅱ.①袁…
Ⅲ.①雁荡山-青少年读物
Ⅳ.①K928.3-49

中国版本图书馆CIP数据核字(2021)第077405号

雁荡山联合国教科文组织世界地质公园
中小学生科普读物 袁茂珂 杨 林 卢琴飞 等 编著

责任编辑:胡珞兰 选题策划:胡珞兰 毕克成 段 勇 责任校对:徐蕾蕾

出版发行:中国地质大学出版社(武汉市洪山区鲁磨路388号) 邮政编码:430074
电 话:(027)67883511 传 真:(027)67883580 E-mail:cbb@cug.edu.cn
经 销:全国新华书店 http://cugp.cug.edu.cn

开本:880毫米×1230毫米 1/24 字数:24千字 印张:1.75
版次:2021年7月第1版 印次:2021年7月第1次印刷
印刷:湖北新华印务有限公司 印数:1—5300册

ISBN 978-7-5625-4974-1 定价:16.00元

《雁荡山联合国教科文组织世界地质公园中小学生科普读物》编委会

总 策 划　黄　靖

策　　划　黄升良　狄永明　胡约素

编委会委员　袁茂珂　杨　林　卢琴飞　张成功　宁萌萌

摄　　影　叶金涛　等

设　　计　王丽君

认识雁荡山

火山猎奇

认识雁荡山

1. 什么是地质遗迹？

地质遗迹是指在地球漫长的地质演化历史时期，由于各种各样的地质作用，形成、发展并遗留下来的珍贵的、不可再生的地质自然遗产。地质遗迹按类型共划分为七大类25类56亚类。其中，雁荡山的部分景观类型如下。

◆ 岩浆岩剖面——金腰带

◆ 火山熔岩地貌景观——千佛岩

◆ 瀑布景观——大龙湫

◆ 河流景观——小山峡

◆ 采矿遗迹景观——观夕硐

◆ 湖泊景观——芙蓉湖

2. 什么是地质公园？

地质公园是以具有特殊地质科学意义、稀有的自然属性、较高的美学观赏价值、有一定规模和分布范围的地质遗迹景观为主体，并融合其他自然景观和人文景观而构成的一种独特的自然区域。

每个地质公园都各具特色，我们来看看其中的一些。

◆ 以岩溶洞穴为特色的织金洞世界地质公园

◆ 以冰川为特色的昆仑山世界地质公园

◆ 以恐龙化石为特色的自贡世界地质公园

◆ 以丹霞地貌为特色的丹霞山世界地质公园

◆ 以沙漠为特色的阿拉善沙漠世界地质公园

◆ 以火山岩地貌为特色的雁荡山世界地质公园

3. 雁荡山是怎么形成的？

约1.4亿年前，在雁荡山地区，古太平洋板块俯冲到亚欧板块之下，岩石熔融形成岩浆，这些岩浆顺着裂隙冲出地球表面，形成了雁荡山大规模的火山活动。

◆ 火山爆发

来源于视觉中国

◆ 熔岩溢流

来源于寻图网https://www.52112.com/pic/98158.html

◆ 灰烬漫布

来源于视觉中国

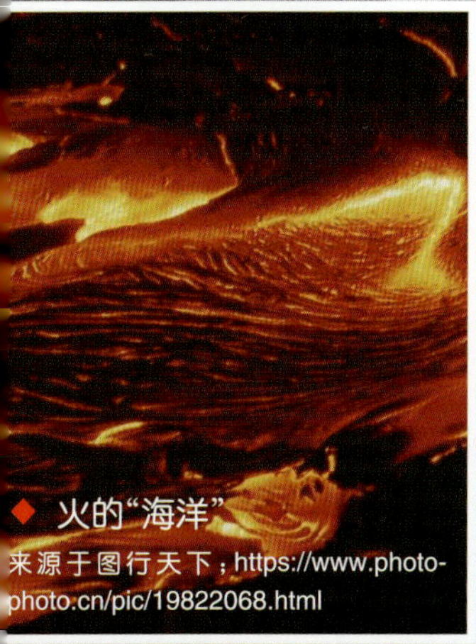

◆ 火的“海洋”

来源于图行天下：https://www.photo-photo.cn/pic/19822068.html

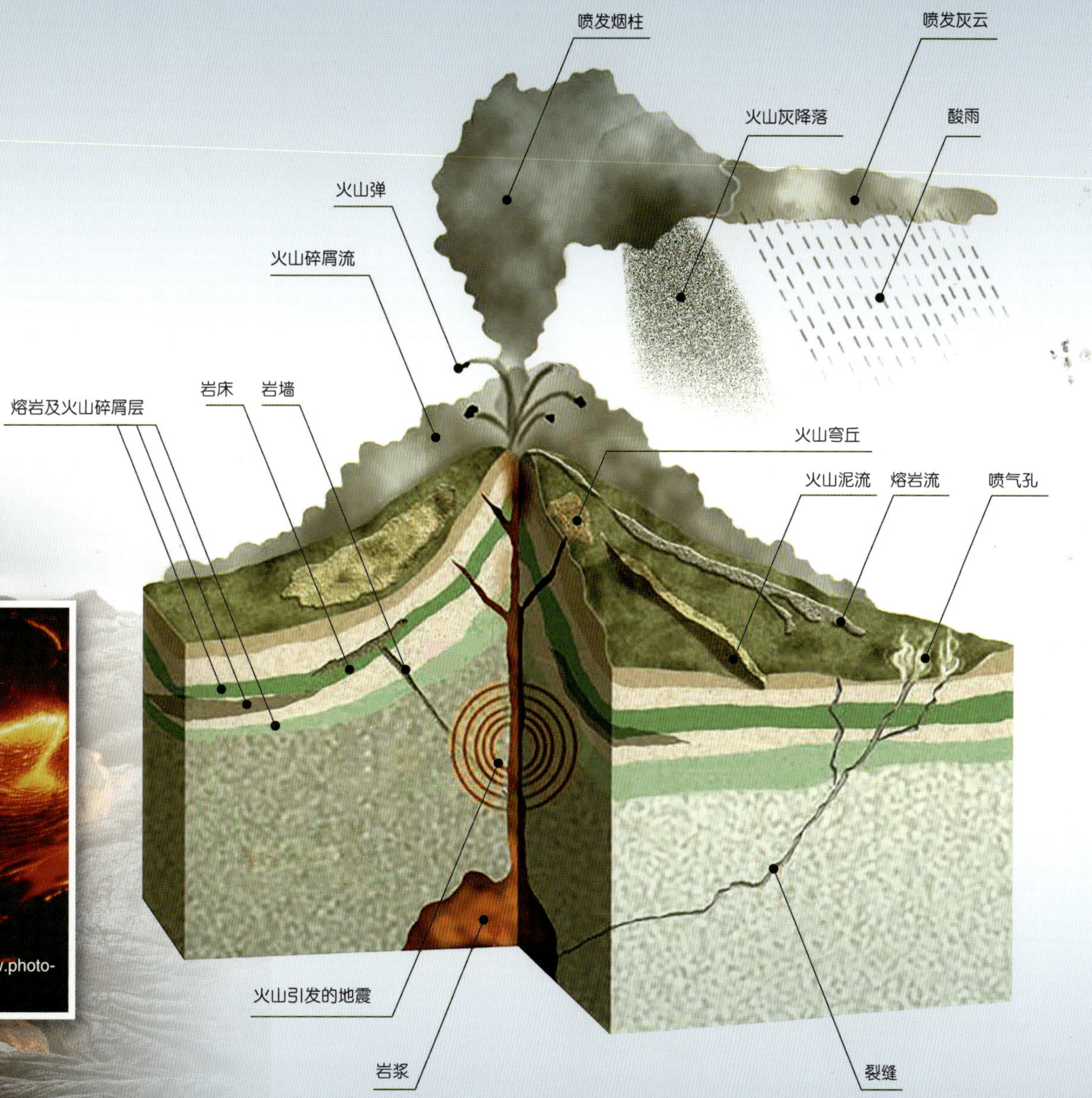

来源于360百科

4. 火山到底是什么样子的？

提到火山，大家的第一印象一定是如锥形的山峰，但是，根据火山爆发的猛烈程度和喷发物质种类，可以分为很多种类型。

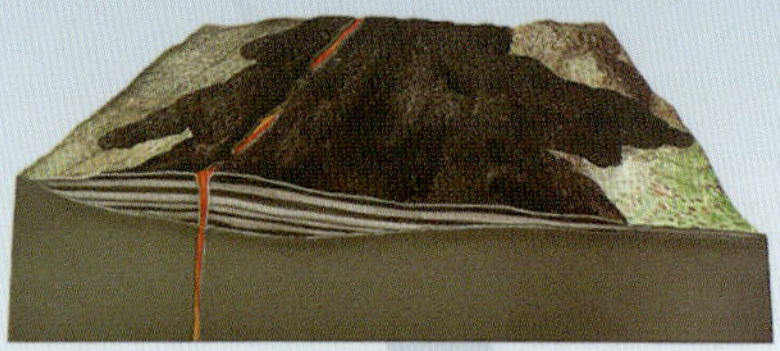

裂隙式火山是沿地表上的长裂缝喷出热而稀薄的岩浆形成的火山。这种岩浆很快扩散开来，不会形成山丘或山峰，根据四周的地貌，它可能形成一个广阔的火山平原。

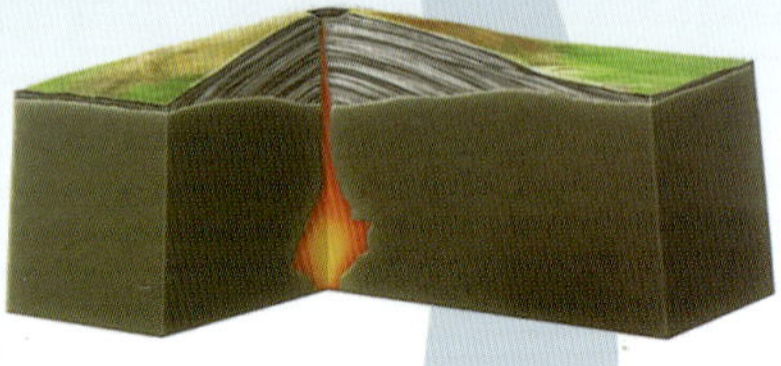

盾状火山底部比较宽，坡度很缓，它是由稀薄的熔岩很快地流动并覆盖了一片相当宽广的地域而形成的。

锥状火山主要由玄武岩、安山玄武岩组成，火山锥相对高差50～750米，火山外壁坡度15°～30°，形状呈截顶圆锥体。其上部火山口保存完整，在一些主火山锥体上，发育有寄生火山锥，相对高差小于50米。

破火山拥有宽而浅的火山口，是由于火山经历了一次剧烈的爆炸造成火山顶部的火山锥部分坍塌而形成的。如果在塌陷后发生更多的火山活动，新的火山锥又会在破火山口里形成，并上升形成新的山顶。

复合式火山又称层火山，由熔岩与火山碎屑岩互层组成，熔岩起着类似肋骨的支撑作用。这类火山锥由于结构稳定，往往形成坡度较陡的高耸山峰。

来源于百度图片

5. 雁荡山是什么类型的火山？

雁荡山的火山属于破火山口火山。最初的喷发使岩浆房内的岩浆及其他物质被喷出殆尽，导致岩浆房空洞，上部的火山锥及岩层没有支撑便塌陷下来，形成了一个巨大的“凹坑”。随着新一轮的火山爆发，顶部又被“掀开”，周而复始，雁荡山经历了多次这样的阶段。

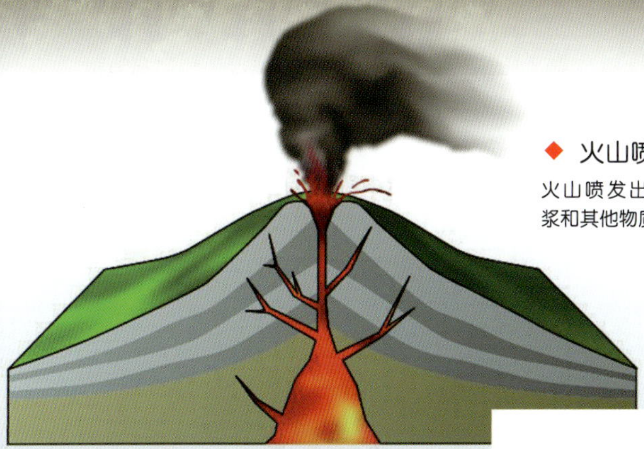

◆ 火山喷发

火山喷发出大量岩浆和其他物质

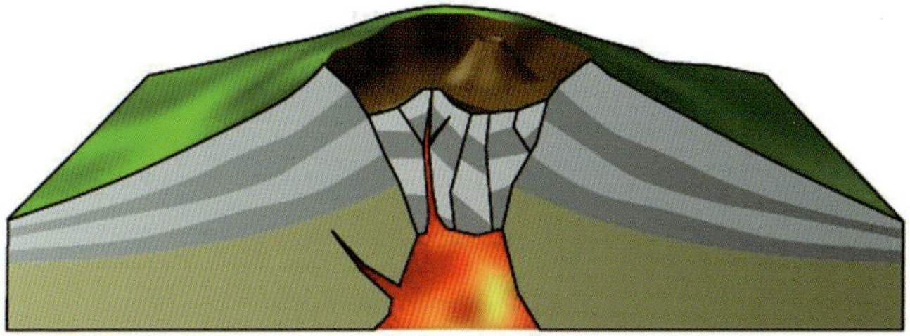

◆ 火山口塌陷

上部的山火锥及岩层没有支撑便塌陷下来，形成了一个巨大的“凹坑”

◆ 岩浆房空洞

大量物质被喷出后导致岩浆房空洞

◆ 火山灰

来源于视觉中国 https://www.vcg.com/creative/1315686101

◆ 长屿硐天

角砾凝灰岩形成了长屿硐天的石材

6. 雁荡山火山喷出的物质到哪里去了？

火山活动会将地下的岩浆、火山碎屑带上来。火山灰以极高的速度喷出，它们一部分飘散在空气中，一部分就近沉积下来形成岩石（叫作凝灰岩），部分碎屑还包含比较大的角砾，组成了角砾凝灰岩，长屿硐天的石材就主要取自这类岩石。喷发溢流的岩浆缓慢流动，覆盖了整个大地，构成雁荡山独特的流纹岩地貌。

除此之外，火山活动还会产生丰富的珍贵矿产，如：浮石和火山玻璃等被用在肥皂与家用清洁剂中作为磨料；珍珠岩也用作石膏中的聚集体；火山中的各种贵金属可用于机械、核能、医学等领域。

◆ 岩浆

来 源 于 视 觉 中 国 https://www.vcg.com/creative/810668018

◆ 流纹岩

岩浆冷却后形成了流纹岩

◆ 浮石

可作为清洁剂中的磨料

◆ 珍珠岩

可作为石膏中的聚集体

来自于百度图片

7. 雁荡山的岩嶂是怎么形成的?

也许你注意到了周边陡峭的岩嶂与其他地质公园的山体有所不同，有些地方还呈阶梯状，这又是怎样形成的呢?

雁荡山经历过多次火山喷发，每次喷发的岩层分为3层。你可以把多次喷发的火山岩想象成一块威化饼干，每层火山岩由于物质组成的差异而软硬不同，流水切割坚硬的岩石形成陡峭的沟谷，而较软的岩层则扩展成宽阔的谷地，加上地壳的不断抬升，雁荡山多级岩嶂便形成了。

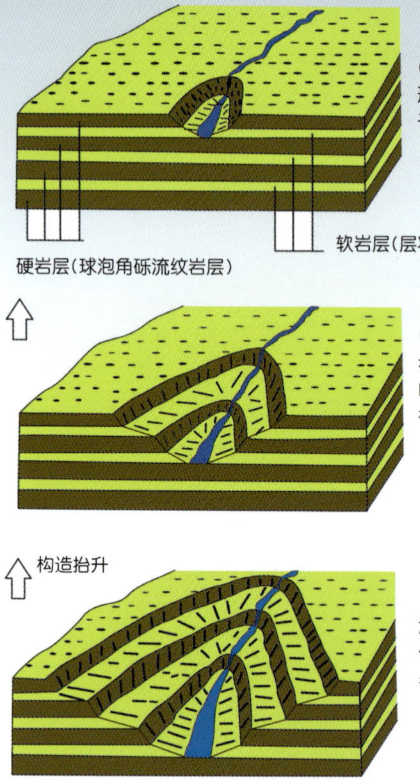

◆ 雁荡山多级岩嶂、岩槛瀑布形成过程示意图

◆ 叠嶂

◆ 雁荡山

8. 柔美的造物者

当雁荡山的流水在大地上悄然流淌时，它会逐渐侵蚀山地，改变地貌，切割出一个由溪水和河流沟谷组成的网络。流水把侵蚀过的岩石、砂砾和淤泥从上游带到下游低地，沉积成人们赖以生存的沃土。

◆ 大龙湫

◆ 瑶池

◆ 芙蓉池

◆ 楠溪江

◆ 龙湖

9. 断裂的艺术

岩层受到地质作用被拉伸或挤压，使得岩层形成裂隙，结果就形成了断裂。雁荡山的山峰、峡谷多是受断裂影响而形成的。岩层沿着断裂面相对滑动，根据每一层岩层的性质和厚度不同，即使它们滑动了很长距离，也很容易被分辨出来。

石桅岩

来源于视觉中国

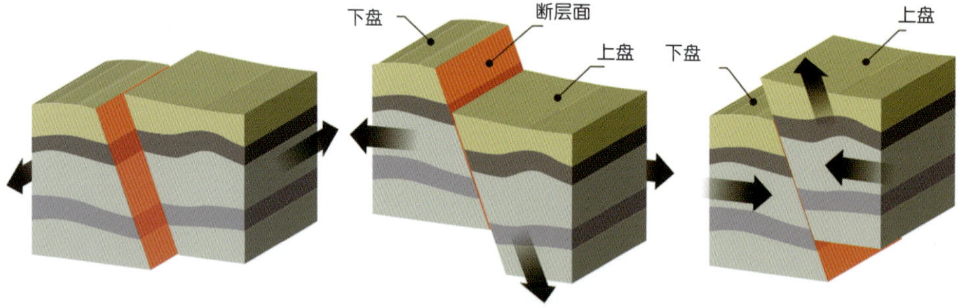

◆ 合掌峰

◆ 双笋峰

◆ 麒麟峰

10. 风化作用不仅是风!

自然界的岩石都会受到阳光、风、空气、水和生物等各种因素的影响,从较软的泥岩到坚硬的花岗岩都逃脱不了被侵蚀的命运。

◆ 花岗岩的棱角被风剥蚀变成了石蛋

来源于视觉中国

来源于百度图片

◆ 植物的根系伸入岩石裂缝劈开岩石

来源于百度图片

◆ 阳光暴晒岩石使其内外受热不均，产生膨胀收缩，发生破碎

来源于淘图客中国 http://xn-- wcsw1ittt.xn-- fiqs8s/index/piclistshow?condition=%2c% E4% BA% 9A% E4% BC% AF% E8% BE% BE% E7% 9B% 86% E5% 9C% B0&id=956673

◆ 寄生在岩石中的生物把岩石中的矿物当作养分，不断分解岩石

来源于百度图片

◆ 地质钟

这个钟显示了地球历史的4“宙”以及最新的显生宙的12个“纪”

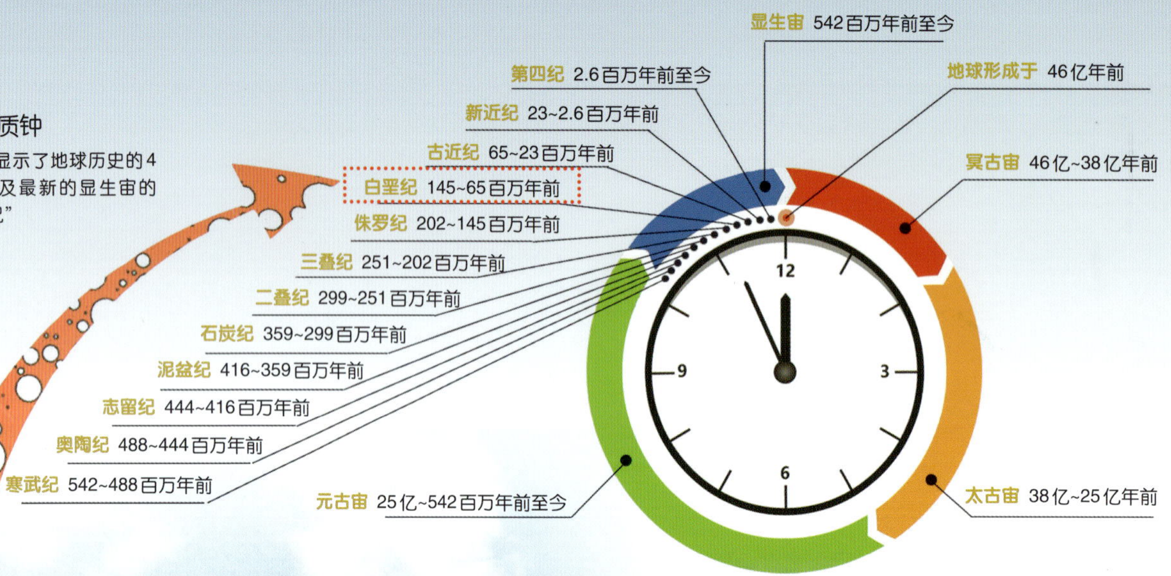

（引自《DK儿童地理百科全书》，2018）

11. 认识地质年代

从18世纪开始，科学家们就认识到岩层是在地球历史的不同时期形成的，在没有构造作用影响的情况下，最古老的岩层总是位于最底部，新的岩层位于最顶部。

雁荡山就有这样一个典型的地层剖面，记录了不同时期火山活动形成的岩层。

12. 认识地质图

地质学家们通过制作地质图来认识每个地区的岩石。他们在地质图中利用不同的颜色来区分不同的岩石类型，每一类地质现象都使用特定的符号来表示，从而绘制出一幅“五彩地球画卷”。

下面让我们简单认识雁荡山的一小部分地质图。

来源于腾讯网
https://new.qq.com/rain/a/20210519a0as7e00

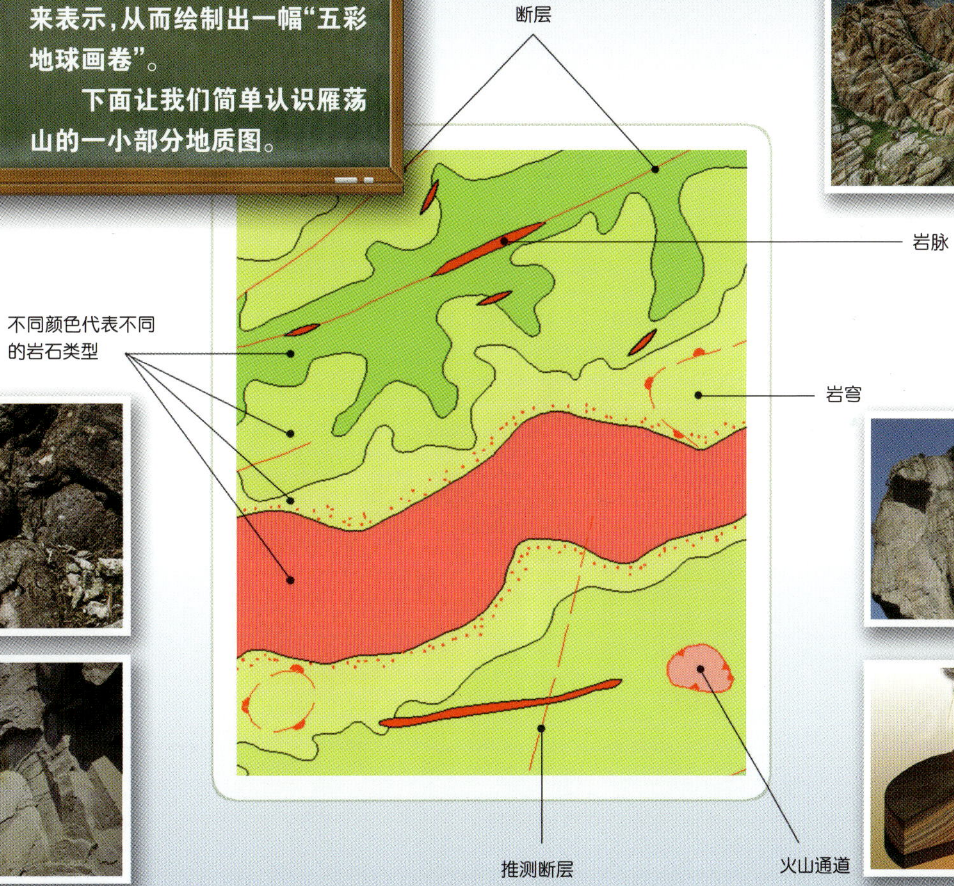

来源于视觉中国

火山猎奇

1. 火山正在喷发！

在你阅读这段文字的同时，全世界大概有20处火山正在活动。据地质学家估计，在过去的1万年里，大陆上火山爆发大约有1300次。但令人惊奇的是，更多的火山爆发是在海洋里，它们主要活跃在岛弧，如果加上它们，估计在过去1万年里，火山爆发的次数将增加到6000次。

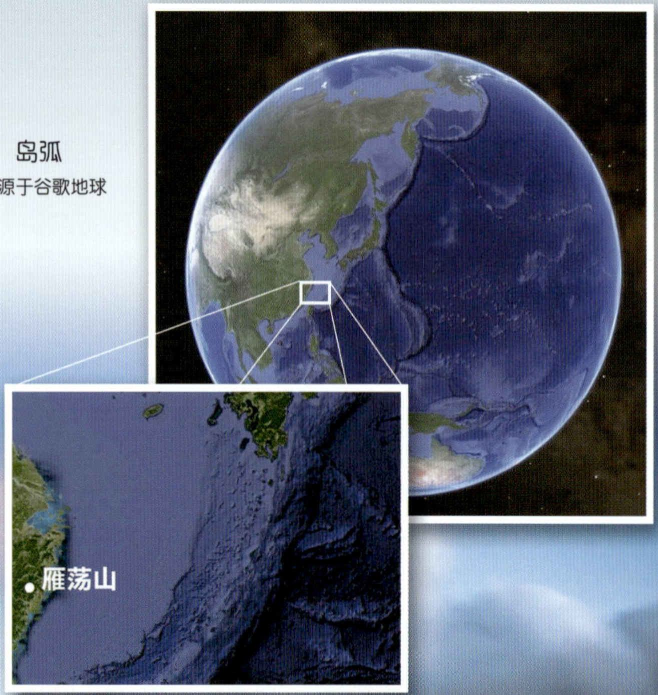

◆ 岛弧

来源于谷歌地球

◆ 火山活动

来源于视觉中国 https://www.vcg.com/creative/1005504430

◆ 火山爆发臆想图

来源于美桌 http://www.win4000.com/wallpaper_big_56479.html

◆ 猛烈的岩浆喷涌

来源于快科技 https://news.mydrivers.com/1/577/577025.htm

2. 最活跃的却是最温柔的！

火山是这个星球上最强大的力量，它们的爆发可能会造成难以想象的灾难。奇怪的是，看似最活跃的火山通常造成的破坏是最小的，因为它们的能量在一点点地释放。真正危险的是那些多年积聚能量一朝爆发的火山，它们的喷发规模往往非常巨大。

◆ 钦博拉索火山

来源于腾讯网 https://new.qq.com/omn/20210825/20210825A0CGWQ00.html

3. 最高的并不是最远的！

你可能会认为珠穆朗玛峰的顶峰是距离地球中心最远的地方，但事实并非如此。相反，位于厄瓜多尔的钦博拉索（Chimborazo）火山才是距离地球中心最远的地方，那是因为地球略呈扁球状，赤道上的点距离地球中心的距离超过北极和南极。钦博拉索火山距离赤道非常近。

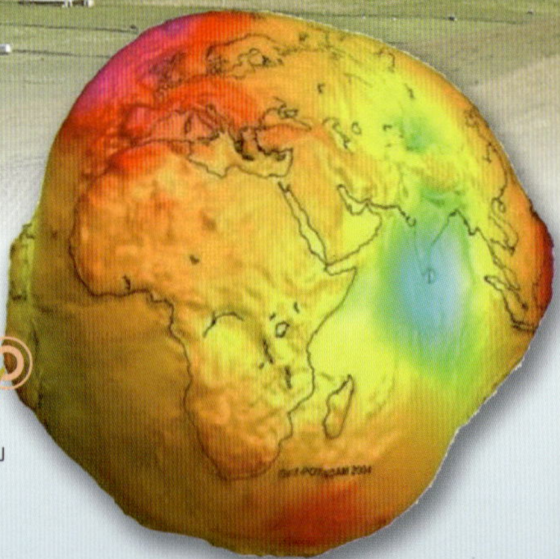

◆ 地球“素颜照”

来源于百度图片

4. 最高的却不是最大的！

地球上最高的火山和最大的火山是“邻居”，它们都位于美国夏威夷群岛。冒纳凯阿（Mauna Kea）火山海拔4207米，它只比陆地上最大的火山冒纳罗亚（Mauna Loa）火山高38米。如果你从海洋基底测量到它的山顶，那么将获得10 203米的真实高度，甚至比珠穆朗玛峰更高！

◆ 深藏海底的高山

来源于谷歌地球

◆ 冒纳凯阿火山与冒纳罗亚火山美景

来源于搜狐网https://www.sohu.com/a/232957179_794891

5. 威胁不仅在地面！

如果你觉得火山的影响力只在地表，那就大错特错了。火山爆发即使没有造成任何人员伤亡，也不意味着它不会带来麻烦。大量的火山灰密布于空中，会损坏飞机发动机等零部件，导致飞机无法正常飞行。

◆ 火山灰影响航空

改编于百度图片

◆ 漫天密布的火山灰

◆ 火山碎屑覆盖地面

烧毁房屋

来源于视觉中国

◆ 遮天蔽日

大量火山灰进入大气

来源于视觉中国 https://www.vcg.com/creative/813209041

◆ 从气象卫星上看

火山灰遮蔽了大部分天空

6. 小即是大！

火山灰除了会沉积在地表之外，还会在地球的大气中运动，1991 年位于菲律宾的皮纳图博（Pinatubo）火山爆发后，一层火山灰的薄云环绕了整个地球，由于火山灰中的物质把一部分阳光反射回太空，导致全球温度在接下来的 15 个月中下降了大约 0.6℃。

流动的熔岩

来源于寻图网 https://www.52112.com/pic/98158.html

流纹岩

岩浆骤然冷却，形成流动的纹路

节理岩柱

岩浆骤然冷却形成五边形或六边形的石柱

7. 三分钟热度！

熔岩从火山中喷溢出来时，温度可达到700~1200℃，这比正常情况下沸腾的水要热7~12倍！但是它与空气或水接触的瞬间就开始冷却，并逐渐变硬成为固体岩石。

◆ 远古地球臆想图

来源于百度图片

8. 冷静下来！

地球在46亿年前刚形成时，整个星球都是由岩浆构成的。用了数百万年的时间，地球才冷却到能让地壳变硬的温度。

◆ 炙热的岩浆

来源于图行天下 https://www.photophoto.cn/show/27127380.html

◆ 中国青海昆仑山世界地质公园——泥火山型冰丘

9. 火山中的“异类”——“冷火山”

除了能喷溢出滚烫熔岩的“热火山”之外，火山家族还有一个“异类”，叫作“冷火山”，这类火山主要是由挥发性的水、甲烷、氦等代替熔岩破坏地表而形成的。我国青海的昆仑山世界地质公园就有一处泥火山型冰丘。

◆ 富士山的火山口

10. 火山的耐心

众所周知，火山被分为活火山、死火山和休眠火山，但死火山是否真的不再活动，这一切都归结于时间。科学家们通常将1万年内没有喷发记录的火山叫作死火山，但火山具有极强的耐心，它们有的可以忍耐数百万年，最终迎来喷发的一刻。

◆ 日本富士山

来源于视觉中国 https://www.vcg.com/creative/817044453

富士山自公元781年有文字记载以来共喷发了18次，最后一次喷发是在1707年，此后至今再未喷发。你觉得它是哪一类火山呢？

11. 我们在行动

为了解火山，科学家们通过火山周围地貌来探明它在过去喷发的频率和猛烈程度。他们甚至攀爬到火山口去观察火山的结构，采集岩石样品，架起测量仪器检测火山口温度的变化，通过实验分析数据，获取火山活动的线索。有时候，科学家们还会穿上笨重的隔热防护服近距离观测熔岩。

◆ 科学家们探索火山

来源于全球摄影网

http://www.g- photography.net/picture/documentary/picture_b_15857_157225.html#image-0